Soup Stock Tokyoの
スープの作り方

Soup
Stock
TOKYO

スープストックトーキョー

文藝春秋

Soup
Stock
TOKYO

はじめに

Soup Stock Tokyoは、首都圏を中心に1999年から今日に至るまで、
現代のあわただしい都市生活を送る人たちに、
豊かで幸せを感じられるきっかけとなる「スープ」を
「ファーストフード店」という形で提案してきました。

スープの魅力は一言で語り尽くすことはできません。
野菜や肉の栄養と旨味が溶け込んだ温かい汁物には、
滋味深さを身体全体に染みわたらせる力が備わっています。
スープを食べると身体だけでなく心が満たされることも、
実感する毎日です。

Soup Stock Tokyoが誕生してから12年という年月の間に、
「スープを食べる」シーンも移り変わってきています。
ひとりひとりの就職、結婚、出産などのライフステージの変化にあわせ、
従来、都市生活者に親しまれてきた「ひとりで食べるスープ」から、
「家で誰かと食べるスープ」へと、求められる形が変わってきたようにも感じます。

これからも、さらにひとりでも多くの方に私たちのスープを食べていただきたい。
そう考えて、これまで門外不出としてきたスープのコンセプトはそのままに、
お店の味を気軽にご家庭で作ることができるメニューとして
一からレシピを起こし直したのが本書です。

手作りのスープは、作る人の数だけ「その人らしい味わい」が生まれます。
大きな鍋にまとめて作り置きをすれば、
いつでも家庭の食卓を満たしてくれる便利なごちそうに。
また、時にはありあわせの食材をひと工夫するだけで、
ゆとりをもたらす一品に。

いつどんな時にも、みなさまの暮らしに寄り添える存在として、
これからもスープを身近に感じていただければ幸いです。

Contents

〈表記のルール〉

※計量単位は、1カップ＝200cc、大さじ1 =15cc、小さじ1＝5ccです。
※適宜は「あればお好みで」の意です。
※茹で水は分量外とし、レシピには記していません。
※水、牛乳、ブイヨンなどの分量については、気温、蒸発量などによって変化するので幅を持たせた分量で記してあります。
※調味料については、目安になる分量を記してありますが、必ず調理の最後にご自身の舌で確認し、味をととのえてください。

chapter 1

素材を食べるスープ

“素材は新鮮であればあるほどよい”――というのはもちろんですが、数多くある素材が同じ特徴や性質をもっているわけではありません。たとえば、芋類やかぼちゃは収穫してからしばらく寝かせて熟成させるとより甘みが増すとか、皮に近い部分は最も風味が強いので、皮ごと料理をして風味を取り入れ、最後にひと手間をかけて皮を取り除くとよい、など。これらの特徴を知っているだけで作業のひとつひとつがより愛おしく感じられるかもしれません。

購入する時には、断面の状態や皮の色、匂いなどをよく観察して、“おいしいサイン”を見つけることや、素材が最もおいしくなる“食べ時”を知っておくことも料理の大切な一歩です。素材がおいしければ、炒める、煮る、潰す、濾すなどのシンプルな手順を踏むだけでおいしい料理ができあがります。

本章では、土の恵みに感謝したくなるような、素材のおいしさを丸ごと味わうことができるスープをご紹介します。具材のないスープは物足りないなんて言えなくなるほど、材料そのものの生きた力を感じるでしょう。0歳の赤ちゃんから100歳のお年寄りまで、毎日の食生活の中で親しんでいただけたらと思います。

きっとスープのイメージが変わるはずです。

安《あん》納《のう》芋《いも》のポタージュ

素材のままで充分においしい種子島産の安納芋は、
良質なでんぷんを含み、
蜜芋と呼ばれるほど濃厚な甘みがあります。
丁寧に時間をかけてなめらかに仕上げるポタージュは
デザートスープや子どものおやつに最適です。

安納芋は、鹿児島県・種子島の安納地区で栽培され、紫芋と同様に種子島を代表するさつま芋の一種です。島の土中にある豊富なミネラルが育むでんぷん質は、加熱すると糖度を増し、しっとりとした食感になります。収穫は、早いもので8月下旬から始まりますが、収穫した芋を2ヶ月ほど充分に熟成させてでんぷんを糖化させるため、出回る時期は早くても10月下旬くらいになります。

黄金色になった安納芋。ヘラで潰れるくらいまでゆっくりと蒸し上げる

ハンドブレンダーでかたまりがなくなるまで、丁寧に潰していく

シノワ(p90)にほぼ皮しか残らないくらいまでヘラで濾し、なめらかにする

材料（4人前）

安納芋	2本（600g）
水	100cc
牛乳	700～800cc
生クリーム	150cc
塩	小さじ1弱
白胡椒	少々
〈トッピング〉	
安納芋（薄切り）	適宜
サラダ油	適宜

作り方

1 安納芋はよく洗って、皮をむかずに5～7㎜の輪切りにする。

2 鍋に1を入れて水を加え、中火で蒸し煮にする。芋類は、少しの水でじっくりと加熱すると甘みが出る。鍋はぴったりと蓋が閉まり、蒸気が逃げにくいものが望ましい。

3 鍋のふちから湯気が出てきたら弱火にして3～4分加熱する。芋に火が入って黄金色に変化し、ヘラで潰れるくらいまで柔らかくなったら、牛乳を加えて混ぜながら温める。

4 温まったら火からおろしてハンドブレンダーで潰し、シノワ（p90）で濾す。

5 濾したスープを鍋に戻し、生クリームを加えて弱火で温め、塩、白胡椒で味をととのえる。

6 器に注ぎ、あらかじめ水気をよく切りサラダ油でからりと揚げておいたトッピング用の安納芋をのせる。

とうもろこしと
さつま芋のスープ

チキンストックや砂糖を一切使わず、
とうもろこしとさつま芋のやさしい甘みを
大切にしたポタージュです。
一滴一滴に詰まった素朴でシンプルなおいしさは、
Soup Stock Tokyoでも長く愛されています。

とうもろこしは、収穫後、時間の経過と共に甘みが落ちるため、できるだけ早く調理をしましょう。とうもろこしの粒を外したあと、芯だけを煮出した煮汁を水の代わりに使うと風味が増します。さつま芋は、紅あずまのようにホクホクとして甘みの強いものを選びます。皮に近い部分が最も風味が強いので、皮ごと使用すると、チキンストックを使わずともおいしいスープができあがります。

素材の色を生かすため、玉葱がきつね色になる手前まで炒める

材料（4人前）

とうもろこし（実のみ）	2本分（400g）
さつま芋	中1本（300g）
玉葱（みじん切り）	小1/2個（90g）
サラダ油	大さじ2
水	200cc
牛乳	700〜800cc
生クリーム	150cc
塩	小さじ1と1/2
白胡椒	少々
〈トッピング〉	
紅玉	適宜

作り方

1 とうもろこしは芯に近い部分に旨味が凝縮されているので、実を根元から芯に沿ってこそぐ。

2 さつま芋は水に浸さず、調理する直前によく洗って5㎜の輪切りにする。

3 鍋にサラダ油を入れて熱し、玉葱を入れ、弱めの中火でじっくりと4〜5分炒める。

4 玉葱がしんなりとしたら、とうもろこしとさつま芋を加えて2〜3分炒め、水を加え、蓋をして弱火で蒸し煮にする。

5 さつま芋がヘラで潰れるくらいまで柔らかくなったら、牛乳を加えて混ぜながら温める。

6 温まったら火からおろしてハンドブレンダーで潰し、シノワ（p90）で濾す。

7 濾したスープを鍋に戻し、生クリームを加えて弱火で温め、塩、白胡椒で味をととのえる。

8 器に注ぎ、5㎜角に切った紅玉をのせる。

かぼちゃのスープ

かぼちゃ、玉葱、にんじんを、バターで炒め、
チキンストックと牛乳で煮込みます。
素材本来の濃厚な甘さや旨味が引き立ち、
深い味わいに仕上がります。
トッピングは生クリームで大人っぽくアレンジ。

かぼちゃは、皮の緑色が濃く、ずっしりと重いものを選ぶとよいでしょう。収穫したてよりも2〜3週間熟成させて、でんぷんを充分に糖化させたもののほうが、一層おいしく感じられます。丸ごとひとつ買っても、なかなかすぐには食べきれないかぼちゃですが、スープにしておけば時間のない朝なども手軽に栄養価の高い朝食を摂ることができ、保存食としても重宝します。

皮の近くに旨味が詰まっているので、
包丁で削るように薄くむく

材料（4人前）

かぼちゃ……中1/2個（650g）
玉葱（みじん切り）……中1個（200g）
にんじん……小1/2本（80g）
バター……20g
チキンストック（p18）……300〜400cc
牛乳……400cc
生クリーム……80cc
塩……小さじ1
白胡椒……少々
〈トッピング〉
生クリーム……適宜

作り方

1 かぼちゃは種とわたを取り除き、皮を薄くむいて、5㎜程度の一口大に切る。にんじんは皮をむいて5㎜のいちょう切りにする。
2 鍋にバターを溶かし、玉葱とにんじんを入れて弱めの中火で5〜6分炒める。透き通ったらかぼちゃを加えて3〜4分炒め、色が濃くなってきたらチキンストックを加え、蓋をして蒸し煮にする。
3 蓋の隙間から湯気が出てきたら弱火にして2〜3分煮込み、かぼちゃがヘラで潰れるくらいまで柔らかくなったら、牛乳を加えて混ぜながら温める。
4 温まったら火からおろしてハンドブレンダーで潰し、シノワ（p90）で濾す。
5 濾したスープを鍋に戻し、生クリームを加えて弱火で温め、塩、白胡椒で味をととのえる。
6 器に注ぎ、生クリームをかける。

ヴィシソワーズ

ポロ葱とセロリをじっくりとバターで炒めて
甘みを引き出し、じゃがいもを
たっぷりと加えてチキンストックで煮込みます。
食欲が落ちやすい夏には飲みやすく
満足度の高いクリーミーな冷製スープです。

じゃがいもは、寒いところで寝かせておくと糖度が増して一層おいしくなります。北海道産のじゃがいもは9～10月が収穫期で、その後、発芽するまでの間にでんぷんが糖化して甘みが増します。Soup Stock Tokyoのヴィシソワーズは、糖度が満ちたじゃがいもで毎年3月頃にまとめて作ります。普段手頃な価格で手に入るじゃがいもも、丁寧に調理すれば素敵な一品に。

素材の色を生かすため、野菜がきつね色になる手前まで炒める

材料（4人前）

じゃがいも	中3個(360g)
玉葱(薄切り)	中1/2個(100g)
ポロ葱(薄切り)	1/3本(30g)
セロリ(薄切り)	1/4本(25g)
バター	20g
チキンストック(p18)	400〜450cc
牛乳	350cc
生クリーム	250cc
塩	9g
白胡椒	少々
〈トッピング〉	
小ねぎ(小口切り)	適宜
フライドオニオン	適宜

作り方

1 じゃがいもは調理する直前によく洗い、皮のまま5㎜のいちょう切りにする。

2 鍋にバターを溶かして、玉葱、ポロ葱、セロリを入れ、中火で8〜9分炒める。

3 野菜がしんなりとしたら、じゃがいもを入れて3〜4分炒め、チキンストックを加えて煮込む。

4 じゃがいもがヘラで潰れるくらいまで柔らかくなったら、牛乳を加えて混ぜながら温める。

5 温まったら火からおろしてハンドブレンダーで潰し、シノワ(p90)で濾す。

6 濾したスープを鍋に戻し、生クリームを加えて弱火で温め、塩、白胡椒で味をととのえる。

7 氷水を張ったボウルに、**6**を鍋ごと浸し、時々攪拌しながら短時間で冷やす。

8 器に注ぎ、小口切りにした小ねぎとフライドオニオンをのせる。

chapter 2

だしにこだわったスープ

有り難いことに、私たち日本人は旨味を感じることができる味覚と食文化を持ち合わせています。

旨味を形作る様々な“だし”は一見目立たない存在ですが、縁の下でその味をしっかりと支えてくれます。味は幾つもの要素が重なってできていますが、そのベースとなる、だしを丁寧にとることが大切です。忙しい毎日には市販の顆粒だしや固形ブイヨンなどがあると便利ですが、時間を短縮して旨味を手に入れることは、“料理にこめる愛情”をも減らしてしまいます。一度、自分でだしをとってみると、それほど時間はかからないことがおわかりいただけるでしょう。同時に歴然とした味の違いにも気づくはずです。

また、複数の旨味を掛け合わせると相乗効果でおいしさに深みが加わります。たとえば、“昆布とかつお”や“だしと肉や魚”、“だしと野菜”といった具合です。イタリアではその存在感がきわだつ“トマト”もまた、グルタミン酸とイノシン酸が豊富で、重要なだしのひとつと考えられています。

本章では様々なだしを生かしたスープをご紹介します。ぜひお気に入りのだしを見つけてください。

8種の野菜と鶏肉のスープ

一度に多くの野菜を食べるのは大変だけれど、そこはスープの腕の見せどころ。たっぷりと入れた野菜を鶏肉の旨味でさらりと食べることができる具沢山のスープです。季節に応じて野菜の組み合わせを楽しみましょう。

1

2

3

4

5

6

7

8

チキンストックのとり方

材料（約1000cc分）

鶏手羽肉	400g
鶏もも肉	250g
水	3000cc
白胡椒（ホール）	小さじ1/2

作り方

1 鍋にお湯（分量外）を沸かし、鶏手羽肉と25〜30gの一口大に切った鶏もも肉を入れる。
2 表面が白くなるまで強火で加熱する。アクを取るのが目的なので加熱しすぎない。
3 ざるに茹でこぼしたら、流水で洗い、表面についたアクや血、毛などを取り除く。
4 鍋に鶏肉を戻し、分量の水、白胡椒を入れて40〜50分中火で加熱する。
5 アクを取る。
6 指でほぐせるくらいに柔らかくなるまで煮る。
7 ざるにキッチンペーパーを敷いてスープを濾し、鶏肉と分ける。
8 できあがり。濾し終わった鶏肉は、粗熱をとってほぐしておく。
※鶏肉は保存袋に入れて冷凍し、お粥やスープの具材などに使ってもよい。チキンストックも、冷蔵または冷凍保存可。賞味期限は、冷蔵で2日、冷凍で3週間程度。

材料（4人前）

チキンストックをとった後の鶏肉	100g
玉葱	小1/2個（90g）
茄子	1本（70g）
ズッキーニ	小1/2本（100g）
赤パプリカ	1/8個（10g）
黄パプリカ	1/8個（10g）
トマト	小1/2個（90g）
にんにく（みじん切り）	1片（10g）
乾燥バジル	小さじ1/2
オリーブオイル	大さじ1
チキンストック	700〜800cc
醤油	大さじ1/2
塩	小さじ1
白胡椒	少々
〈トッピング〉	
レタス	適宜

作り方

1 玉葱は皮をむいて1㎝角、茄子とズッキーニは縦に1/4にして8㎜〜1㎝のいちょう切り、パプリカはへたと種を取って7㎜角、トマトは種を取り除き、ざく切りにする。
2 鍋にオリーブオイルを入れ、弱火でにんにくを2〜3分炒める。
3 にんにくの香りが出たら、玉葱を加えて中火で2〜3分炒める。
4 茄子とズッキーニを加え、さらに3〜4分炒め、パプリカとトマトを加えてさっと炒める。
5 鶏肉、チキンストックを加えて強火で加熱し、沸騰したらアクを取る。
6 乾燥バジル、醤油、塩、白胡椒を加えて味をととのえる。
7 器に注ぎ、1㎝×7㎝の短冊切りにしたレタスをのせる。

干し貝柱とじゃこの中華粥

干し貝柱だしとチキンストックで生米から炊きあげ、
米一粒一粒に旨味が染みわたる中華粥です。
生姜のさわやかな風味やごま油で炒ったちりめんじゃこの香りが、
体調の優れない時や、食欲のない朝などにおすすめです。

干し貝柱だしのとり方

材料（600cc分）

干し貝柱 ……………… 小2個（10g）
水 ……………………………… 600cc

作り方

1 干し貝柱と分量の水を用意する。
2 水に8時間以上浸ける。
3 貝柱が充分に水を含み、約1.5倍程の大きさになるのが目安。
4 手で身をほぐす。
5 身ごと、だしとして使用する。

材料(4人前)

しめじ	1/2パック(50g)
生姜(千切り)	10g
米	100g
ごま油	大さじ1
チキンストック(p18)	700〜800cc
干し貝柱だし	600cc
塩	小さじ2強
〈トッピング〉	
ちりめんじゃこ	大さじ3
小ねぎ(小口切り)	適宜
ごま油	小さじ1

作り方

1 米は研いで分量外の水に30分浸けて、ざるにあげておく。

2 鍋にごま油と生姜を入れて弱火で1〜2分炒め、生姜の香りが出たら米を入れ、中火で油がからむ程度に炒める。

3 石づきを切り落としたしめじと、チキンストック、干し貝柱だしを加えて中火で加熱し、沸騰したらアクを取り、時々攪拌しながら弱火にして35〜40分煮込む。

4 米が充分にスープを吸って、粥状になったら塩で味をととのえる。

5 ごま油を熱したフライパンにちりめんじゃこを入れて弱火で炒め、カリカリになったらバットにあけて冷ます。

6 器に粥を盛りつけ、ちりめんじゃこと小ねぎをのせる。

緑の野菜と岩塩のスープ

あっさりとした昆布だしに、オリーブオイルで
香りを出したにんにくと、ズッキーニ、大根などの
野菜を炒め合わせてコクを出します。青汁の原料でもある
大麦若葉や押し麦をプラスした栄養満点のベジタリアンスープです。

昆布だしのとり方

材料（600cc分）

昆布	15g
水	1000cc

作り方

1 昆布は5～6cm角に切り、分量の水を用意する。

2 固く絞った布巾などで昆布についた砂や汚れを拭き取る。昆布の表面についている白い粉は、マンニットと呼ばれる旨味成分なので拭き取らない。

3 昆布を水に浸けて3時間以上置く。昆布はゆっくりと旨味が出るので、一晩かけてじっくりと抽出するのがおすすめ。急ぐ場合は鍋に昆布と水を入れ、30分ほど置いてから中火で加熱し、沸騰直前に取り出し、弱火にしてアクを取り除く。

4 だしが出て、昆布が大きくなったらできあがり。

材料（4人前）

玉葱	小1個（180g）
ズッキーニ	小1/2本（100g）
キャベツ	2枚（80g）
大根	3～4㎝（70g）
さやいんげん	5本（30g）
カラーピーマン	1/4個（20g）
グリーンピース	大さじ2～3（30g）
にんにく（みじん切り）	2片（20g）
押し麦	40g
オリーブオイル	大さじ1と1/3
昆布だし	600～700cc
大麦若葉の水溶き用の水	50cc
大麦若葉の粉末	大さじ1
岩塩	13g
白胡椒	少々
〈トッピング〉	
小ねぎ（小口切り）	適宜

※生のグリーンピースが手に入らない場合は、皮が柔らかい冷凍のものがおすすめ。

作り方

1 押し麦は分量外の水に30分浸けて、ざるにあげておく。
2 玉葱と大根は皮をむく。カラーピーマンは種を取り除き、ズッキーニ、キャベツ、さやいんげんはすべて7㎜角に切る。
3 鍋にオリーブオイルとにんにくを入れ、弱火で3～4分焦がさないようにじっくりと加熱する。
4 にんにくから充分に香りが出て、粘りが出てきたら、玉葱と大根を加え、中火で炒める。
5 大根と玉葱の表面が透明になったら、ズッキーニを加えて炒める。
6 5に昆布だしと押し麦を加えて4～5分煮込み、キャベツ、さやいんげん、カラーピーマン、グリーンピースを加え、さらに3～4分煮込む。
7 野菜に火が通ったら水溶きした大麦若葉を加える。
8 再び沸騰したら、岩塩と白胡椒で味をととのえる。
9 器に注ぎ、小ねぎをのせる。

もずくとオクラのスープ

久米島の美しい海に、もずくがただよう様子から
着想を得たスープです。昆布とかつおのだしに、
長寿の島、沖縄でよく食べられる豚肉とオクラを合わせました。
さっぱりとしながらもコクがある身体にやさしい味わいです。

昆布かつおだしのとり方

材料（約900cc分）

昆布	15g
かつお節	12g
水	1000cc

作り方

1 固く絞った布巾などで砂や汚れを拭き取った昆布と、分量のかつお節、水を用意する。
2 鍋に水と昆布を入れ、30分置いておく。
3 弱火で10分ほど加熱し、沸騰直前に昆布を取り出したら弱火にし、アクを取り除く。
4 一度強火にして沸騰したらかつお節を入れる。
5 かつお節の動きが静かになったら火を止める。
6 ざるにキッチンペーパーを敷いて、かつお節を濾す。
7 できあがり。

材料（4人前）

豚ばら肉（ブロック）	120g
もずく	120g
オクラ	7〜8本
生姜（すりおろし）	小さじ1
昆布かつおだし	800〜900cc
醤油	大さじ1/2
塩	小さじ1/2

作り方

1 もずくは洗って、ざるで水気を切っておく。へたを切り取ったオクラは、たっぷりの塩（分量外）でこすって産毛を取り、沸騰したお湯で5〜10秒茹でる。冷水に取って色止めをし、食べやすい大きさに切る。
2 豚ばら肉は厚さ3㎜幅1㎝の短冊切りにし、塩と一緒にビニール袋に入れて、よくもみ込んで30分置いておく。
3 昆布かつおだしを火にかけ、沸騰したら**2**と生姜のすりおろしを入れて2〜3分加熱し、豚肉に火を通す。
4 もずくとオクラを入れて再び沸騰したら、醤油で味をととのえ、器によそう。

ミネストローネ

トマトは旨味の多い野菜です。
加熱して酸味を飛ばしながら煮詰めたトマトソースは、
より旨味が凝縮し、動物性食材を使わなくても
食べ応えのあるベジタリアンスープになります。

1

2

3

トマトソースの作り方

材料（約200g分）

ダイストマト（缶）……………… 400g

作り方

1 鍋にダイストマトを入れ、強めの中火で加熱する。
2 ゆっくりとヘラでなじませながら煮詰める。
3 最初の約半量まで煮詰まったらできあがり。
※トマト缶のトマトも農作物なので収穫した年の気候によって酸味や甘みに違いがあります。

材料（4人前）

玉葱	小1個（180g）
ズッキーニ	小1/2本（100g）
茄子	1本（70g）
セロリ	1/2本（50g）
にんじん	中1/4本（50g）
赤パプリカ	1/2個（40g）
黄パプリカ	1/2個（40g）
にんにく（みじん切り）	1片（10g）
トマトソース	200g
米	30g
オリーブオイル	大さじ2
水	500〜600cc
塩	大さじ1/2
白胡椒	少々
〈トッピング〉	
ルッコラ	適宜

作り方

1 米は研いで分量外の水に30分浸けて、ざるにあげておく。

2 玉葱とにんじんは皮をむく。パプリカは種を取り除き、ズッキーニ、茄子、セロリもすべて1.5cm角に切る。

3 鍋にオリーブオイルとにんにくを入れ、粘りが出るまで焦がさないように弱火で3〜4分炒める。

4 にんじんを加えて1〜2分炒める。にんじんに油がまわり火が通ったら玉葱とセロリを加え、さらに弱めの中火でじっくり5〜6分炒める。鍋にこびりつく野菜もこそげ落としながら炒める。

5 ズッキーニ、茄子、パプリカ、米を加え、油が全体にまわったら、分量からひとつまみの塩をふって、5〜6分蒸し煮にする。

6 野菜に火が通ったらトマトソースと水を加え、さらに25〜30分煮込む。米に火が通ったら塩と白胡椒で味をととのえる。

7 器に注ぎ、洗って1〜2cmの幅に切ったルッコラをのせる。

chapter 3

手間隙がおいしくするスープ

料理には、その味を作るために避けては通れない手間と時間が必要になる場合があります。たとえば、ソテーオニオンがその代表格。山のように薄切りにした玉葱を、焦がすことなくじっくりと炒めていく作業は、簡単なようで実際にはなかなか骨の折れる作業です。

しかし、慣れてくると“炒める”という工程も時間の経過と共に訪れる変化に気を配ることだとわかります。音や匂いの移り変わりを感じとり、使い慣れた木ベラや鉄鍋の内側にもおいしさが染みわたっていくように、工程そのものを楽しんでください。

スープは水分を沢山含むので、すべてが分量通りに進むとは限りません。火が強すぎればスープは蒸発してしまうし、季節によって変化する素材に含まれる水分量や、湿度、室温の具合によっても変わります。

つまり、ここまできたら大切なのは臨機応変で寛容な心。そして信じるべきは自分の舌の感覚です。適宜水を加えて、塩をひとふりし、自分の感覚で“味をととのえる”こと、それが一番大切なのです。じっくりと時間をかけてできあがったスープは、おそらく一滴も残すことなく味わいたいと思えるはずです。

オマール海老のビスク

Soup Stock Tokyo一番人気のスープです。
オマール海老の濃厚な“ジュ”と香味野菜に加え、
手間をかけた時間が生みだす繊細な味わいには思わず唸ってしまうほど。
一流レストランの味を目指した贅沢な逸品です。

〈step1〉
オマール海老の“ジュ”をとる

※ジュ(jus)とは西洋料理に使われるだしの一種。もとはフランス語で、汁や果汁の意。短時間で、素材がかぶるくらいの少量の水で煮出すのが特徴。

材料(500cc分)

オマール海老の頭	300g
玉葱(粗みじん切り)	小1/2個(90g)
にんじん(粗みじん切り)	中1/4本(50g)
セロリ(粗みじん切り)	1/2本(50g)
ダイストマト(缶)	80g
トマトペースト(市販のもの)	60g
にんにく	1片(10g)
タラゴン	5g
パセリ	1枝
サラダ油	大さじ3
水	300cc
お湯	250〜300cc
ブランデー	大さじ1
白胡椒	少々

※オマール海老は、甘海老やブラックタイガーなどで代用すればまた違った味わいが楽しめる。

作り方

1 オマール海老の頭は、旨味が出やすいように3cm四方に砕く。
2 フライパンにサラダ油大さじ2と、包丁の腹で潰したにんにくを入れ、弱火でじっくりと炒める。
3 にんにくの香りが出てきたら、オマール海老の頭を入れて炒める(写真a)。しばらく混ぜず、写真bくらいまで底面が香ばしく焼けてから全体を混ぜる。
4 残りのサラダ油(大さじ1)を入れ、にんじんを加え、焦げつかない程度の中火で2〜3分炒める。
5 にんじんの表面に火が入り透明になったら、玉葱とセロリを加えて10〜15分炒める(写真c)。
6 野菜などが鍋にこびりつくようになったら、ブランデーを加え、鍋に焦げついたところをこそげ落とす(写真d)。これが旨味となるので丁寧に。
7 ダイストマト、トマトペースト、タラゴン、パセリ、水、白胡椒を加え、アクを取って、15分ほど煮込む(写真e)。
8 野菜が充分に柔らかくなったら、写真fのようにシノワ(p90)で漉す。この時、殻を力強く押し潰しながら抽出する(写真g)。
9 漉し残った殻を鍋に戻し、お湯を入れて2〜3分加熱し、再びシノワで漉して二番だしをとり、共に使用する(写真h)。

a

b

c

d

e

f

g

h

オマール海老のビスク

〈step2〉
ビスクに仕上げる

a

b

c

材料(4人前・1000〜1200cc分)

玉葱(みじん切り)	小1個(180g)
にんじん(みじん切り)	中1/2本(100g)
セロリ(みじん切り)	1/4本(25g)
トマトペースト(市販のもの)	75g
にんにく(みじん切り)	1/2片(5g)
ローリエ	1枚
バター	30g
オマール海老の"ジュ"	260cc
水	500cc
牛乳	150cc
生クリーム	150cc
赤ワイン	15cc
ブランデー	小さじ1
はちみつ	小さじ1
塩	6g
白胡椒	少々
〈トッピング〉	
黒胡椒	少々

作り方

1 鍋にバターを入れて加熱し、溶け出したらにんにくを加え、弱火でじっくりと香りが出るまで2〜3分炒める。
2 にんにくが薄く色づいたらにんじんを加え、1〜2分炒める。さらに玉葱とセロリを加え、写真aのようになるまで4〜5分炒める。
3 玉葱が透明になったら赤ワインを入れて風味をつけ、強火にしてアルコールを飛ばすように加熱する。トマトペースト、ローリエ、オマール海老の"ジュ"、水を加え、さらに加熱する(写真b)。
4 沸騰したらアクを取り、弱火にして15〜16分煮込み、ブランデーを加えて風味をつける。
5 牛乳、生クリーム、はちみつを溶き入れ、塩、白胡椒で味をととのえる(写真c)。
6 器に注ぎ、黒胡椒を挽く。

焼きトマトと セロリのオニオンスープ

玉葱をじっくりと炒めた甘みが溶け込んだ贅沢なオニオンスープに、焼き目をつけて味を凝縮させたトマトと、セロリの茎も葉も丸ごと刻んで加えます。食感と香りが楽しめるスープです。

材料（4人前）

玉葱（薄切り）	中3個(600g)
オリーブオイル	大さじ3
チキンストック(p18)	800〜900cc
醤油	大さじ1
塩	小さじ1強
〈トッピング〉	
トマト	中1個(200g)
葉つきセロリ	1/2本(50g)
クレソン	1束
オリーブオイル	大さじ1
塩	少々
黒胡椒	少々

作り方

1 フライパンにオリーブオイルと玉葱、塩ひとつまみ(分量外)を入れて中火で炒める(写真a)。

2 45分ほど炒めると写真bのように水分が飛んで焦げつき始めるので弱火にし、ゴムベラでこそげ落としながら、さらに根気よく炒める。

3 炒め始めて50〜60分経ち、玉葱がもとの分量の1/4くらいまでになり、写真cのようなカラメル色になったところで火を止める（ソテーオニオンのできあがり)。

4 3にチキンストックを加えて煮込み、沸騰したらアクを取り、醤油と塩で味をととのえる(写真d)。

5 別のフライパンにオリーブオイルを入れ、1cm程度のざく切りにしたセロリをシャキシャキ感が残る程度にさっと炒め、火を止めた4に入れる。次にトマトを1cmの輪切りにして、表面に塩と黒胡椒をふり、セロリを炒めた後のフライパンで片面を15秒ほど強火で焼き(写真e)、裏返してもう一方の面にも焼き目をつける(写真f)。

6 器に注いだスープに、焼いたトマトとクレソンを添える。

※ソテーオニオン(手順1〜3でできたもの)は、たくさん作って冷蔵または冷凍保存しておくと、他のスープにも使えて便利。賞味期限は、冷蔵で2日、冷凍で3週間程度。

a

b

c

d

e

f

東京ボルシチ

ロシアでは牛肉とビーツを使うボルシチを、トマトベースにアレンジしました。
大ぶりの牛肉とじっくりと炒めた玉葱が好相性。小麦粉を使わず
野菜がもたらすとろみは、のちに濃厚な甘みのもとになります。

材料（4人前）

A	牛ばら肉	400g
	ローリエ	1枚
	水	600cc
B	にんじん（みじん切り）	中1/4個（50g）
	セロリ（みじん切り）	1/4本（25g）
	ソテーオニオン（p34作り方1〜3）	220g
	トマトペースト（市販のもの）	50g
	バター	15g
	チキンストック（p18）	200cc
	醤油	大さじ1と1/2
	ガーリック（パウダー）	小さじ1/2
	セイジ（パウダー）	少々
	塩	小さじ1
	黒胡椒	少々
	白胡椒	少々
C	じゃがいも	中2個（240g）
	にんじん	中1/2本（100g）

〈トッピング〉

レモン	適宜
ヨーグルト	適宜

作り方

1 牛ばら肉はひと切れ30〜35gくらいに切る。Cの具材は洗って皮をむき、じゃがいもは1/4にカットし、にんじんはシャトー切りにしておく。

2 Aを鍋に入れて、沸騰したらアクを取り、牛肉が柔らかくなるまで弱火で40〜50分煮込む（写真a）。

3 別の鍋にバターを入れて弱火で加熱し、溶け出したらBのにんじんを加えて4〜5分炒め、さらにセロリを加えて写真bくらいまで5〜6分炒める。

4 野菜に粘りが出てきたら、ソテーオニオンを加えて野菜となじませる（写真c）。

5 野菜の色がしっかりと茶色になるまで炒めたらトマトペーストを加えてなじませ、チキンストックと2を煮汁ごと加える（写真d）。

6 1のじゃがいもとにんじん、塩以外の調味料と香辛料を加えて（写真e）、弱めの中火で15〜20分煮込む。

7 じゃがいもとにんじんが柔らかくなったら塩で味をととのえる（写真f）。

8 器に盛りつけ、半月にスライスしたレモンと、ヨーグルトを添える。

a

b

c

d

e

f

牡《か》蠣《き》のポタージュ

牡蠣が最もおいしいのは11月初旬から２月頃。
“海のミルク”と呼ばれる牡蠣のまろやかな旨味と、鉄分、ビタミン類を封じ込めた
ミネラルたっぷりの味わいを余すところなく楽しむことができる贅沢なスープです。

材料（４人前）

加熱用生牡蠣	300g
玉葱（薄切り）	小１個（180g）
セロリ（薄切り）	1/2本（50g）
にんにく（みじん切り）	１片（10g）
オリーブオイル	大さじ２
バター	10g
チキンストック（p18）	200～300cc
牛乳	300～350cc
生クリーム	50cc
白ワイン	大さじ３
小麦粉	大さじ３
塩	小さじ１
白胡椒	少々
〈トッピング〉	
パセリ（みじん切り）	少々
ガーリックオイル	大さじ１
ドライパン粉	25g

作り方

1 牡蠣はよく洗い、水気を切っておく。
2 鍋にオリーブオイルとバターを溶かして、にんにくを弱火で炒める。
3 にんにくの香りが充分に出たら、玉葱とセロリを加え、４～５分炒める（写真ａ）。
4 牡蠣を加えてさっと炒めてから小麦粉をふり入れ、だまにならないよう写真ｂくらいまで弱火で炒める。
5 牡蠣の表面に火が通ったら白ワインを入れて風味をつけ、アルコールを飛ばすように強火で加熱する。
6 ５にチキンストックを加えて中火で４～５分煮込む（写真ｃ）。
7 牛乳を加え、温まったら火からおろして写真ｄのようにハンドブレンダーで潰す。
8 写真ｅのように７をシノワ（p90）に移し、ゴムベラで濾す（写真ｆ）。写真ｇの状態になるまで濾し続ける。
9 ８で濾したスープを鍋に戻し、生クリームを加えて弱火で温め、塩、白胡椒で味をととのえる（写真ｈ）。
10 フライパンにガーリックオイルとドライパン粉を入れ、中火できつね色になるまで炒め、冷めたらパセリを混ぜ合わせ、器に注いだスープにのせる。

a

b

c

d

e

f

g

h

きのこと
さつま芋のポタージュ

丁寧にソテーした香り高いマッシュルームと、こっくりとしたさつま芋の風味が
見事な調和を醸し出すポタージュです。ペーストにしたさつま芋で
マッシュルームの旨味を包み込み、牛乳でなめらかに仕上げます。

材料（4人前）

さつま芋	中1本（300g）
玉葱（薄切り）	小1個（180g）
マッシュルーム（薄切り）	300g
にんにく（みじん切り）	1片（10g）
サラダ油	大さじ2
無塩バター	20g
チキンストック（p18）	300〜400cc
牛乳	500〜550cc
塩	小さじ1と1/2
白胡椒	少々
〈トッピング〉	
マッシュルーム（薄切り）	適宜
黒胡椒	少々

作り方

1 さつま芋は皮をむいて縦1/4、厚さ5㎜に切り30分以上水にさらしておく。

2 鍋にサラダ油とにんにくを入れ、弱火でじっくりと3〜4分炒める。きつね色になったら玉葱を加えて4〜5分炒める。

3 玉葱が透き通ってしんなりとしたら、バターとマッシュルームを加え（写真a）、さらに15〜20分炒める。マッシュルームの水分が出ている間は強めの中火、写真bのように水分が少なくなったら弱火にする。

4 マッシュルームの大きさが1/3くらいになり、香りが充分に出たら、さつま芋を加えて焦げつかないようにさらに炒める（写真c）。

5 さつま芋の表面が黄金色に変わったらチキンストックを入れて強火で加熱し、沸騰したらアクを取り、弱火で10〜15分煮込む（写真d）。

6 さつま芋がヘラで簡単に潰れるくらいまで柔らかくなったら火からおろし、写真eのようにハンドブレンダーで潰す。

7 潰したスープに、牛乳を加えて弱火で温め、塩、白胡椒で味をととのえる（写真f）。

8 器に注ぎ、トッピング用のマッシュルームをのせて、黒胡椒を挽く。

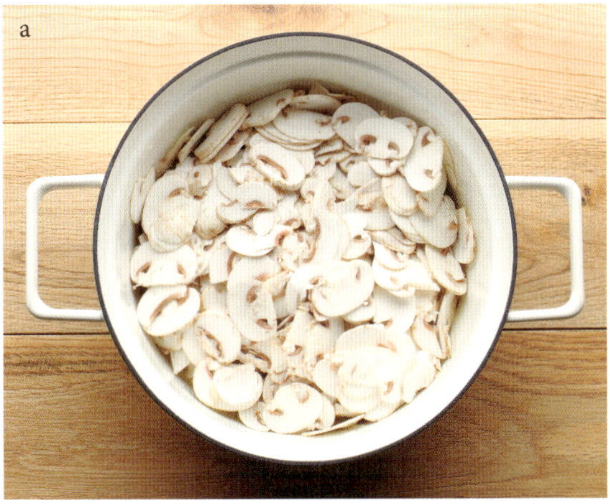
a

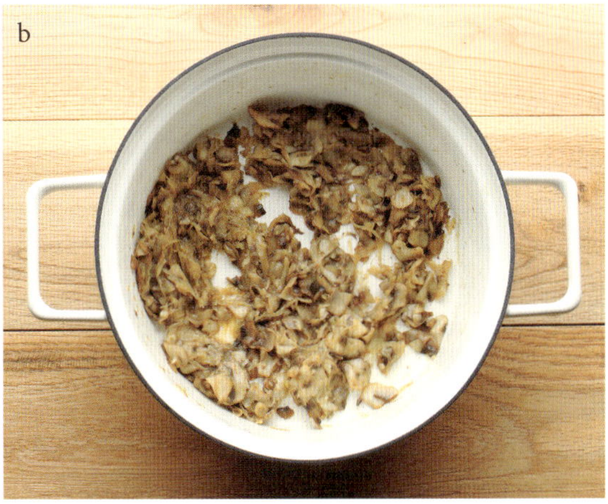
b

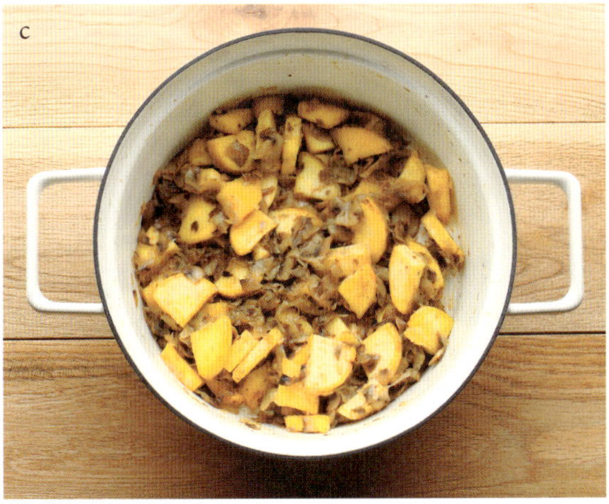
c

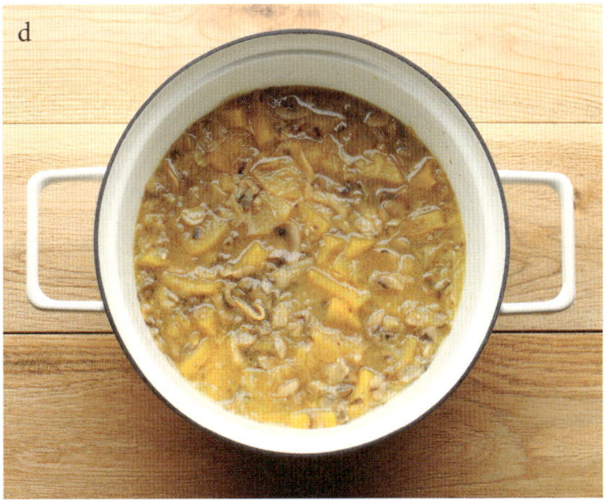
d

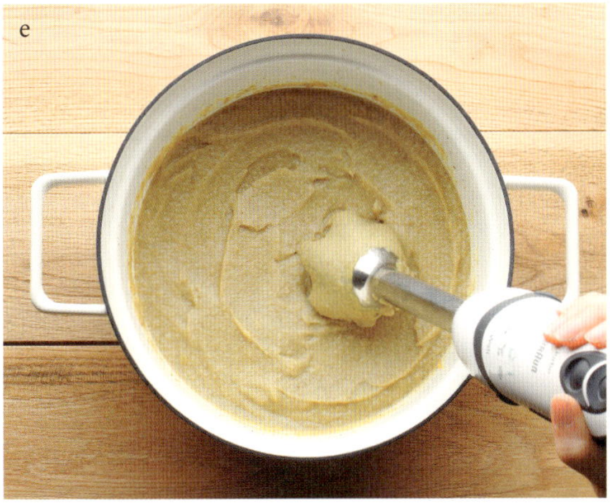
e

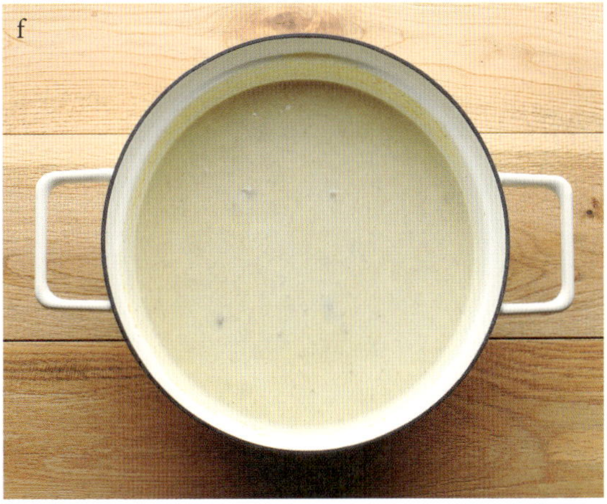
f

chapter 4

世界の食文化を味わうスープ

改めて世界中を見渡してみると、汁物を食べない国はどこにもありません。また、どこの国でもひとつのメニューがそれぞれの地域ごとに特色をもって受け継がれていることがわかります。

本章では、その土地ごとの風土や歴史を色濃く宿したスープに敬意を払いながら、Soup Stock Tokyoならではの視点でアレンジしたレシピをご紹介します。イタリア、スペイン、韓国、トルコ、ロシア、タイと、ヨーロッパからアジアまで大陸を横断し、実にバリエーション豊かなスープが顔を揃えました。

味や香りはその料理を食べた時の空気や記憶をいとも簡単に呼び起こし、より一層の想像力をかき立ててくれます。ご家庭の食卓に異国のスープが姿を見せるだけで、旅をしたような気分になることもあるでしょう。

試行錯誤の結果、原型に限りなく近づくことになったスープもあれば、まったく新しいものに姿を変えたスープもあります。新鮮な具材が望ましい場合は日本で手に入るものにアレンジしました。それぞれの国ならではのスパイスやハーブの使い方、味つけの特徴などを、ぜひ実践してみてください。

イタリアでは「"イタリア料理"という料理は存在しない」と言われるほど、地方ごとに趣が異なる料理を楽しむことができる

マルゲリータスープ

ピッツァマルゲリータのおいしさをスープにしました。
完熟トマトの赤、モッツァレラチーズの白、バジルの緑はイタリアの国旗を表し、
仕上げにエクストラヴァージン(EXV)オリーブオイルを
合わせた、シンプルで味わい深いスープです。

材料(4人前)

玉葱(みじん切り)	小1個(180g)
にんにく(みじん切り)	1/2片(5g)
ダイストマト(缶)	700g
トマトペースト(市販のもの)	80g
オリーブオイル	大さじ3
水	400～500cc
塩	小さじ1
フレッシュバジル	1枝
〈トッピング〉	
モッツァレラチーズ	適宜
フレッシュバジル	適宜
EXVオリーブオイル	少々

作り方

1 EXVオリーブオイルにフレッシュバジルを1時間以上浸けて、バジルオイルを作る。
2 1のオイルに、一口大に切ったモッツァレラチーズをからめておく。
3 ダイストマトは鍋にあけて中火で加熱し、2/3程度になるまで煮詰めてトマトの酸味を飛ばす。
4 別の鍋に、にんにくとオリーブオイルを入れて弱火で1～2分炒めたら、玉葱を加えて透明になるまで中火で5～6分炒める。
5 4に、3とトマトペースト、水を加え、10～15分煮込む。
6 塩を加え、味をととのえる。
7 器に注ぎ、バジルオイルとからめたモッツァレラチーズ、トッピング用のフレッシュバジルをのせる。

バジルオイルにモッツァレラチーズをからめて、風味を移しておく

スペインはイスラム文明の影響を受け、オリーブオイルやにんにく、スパイス、ハーブを好んで用いるのが特徴

アホスープ

アホスープとは、スペインのガーリックスープのこと。
にんにくをじっくりと炒めることで香りや旨味を
オイルに移すのがコツ。凝縮されたトマトの旨味と
相性が抜群のSoup Stock Tokyo流アホスープです。

材料（4人前）

玉葱（薄切り）	小1個（180g）
パプリカ（薄切り）	2/3個（50g）
にんにく（みじん切り）	4片（40g）
ダイストマト（缶）	400g
オリーブオイル	大さじ3
チキンストック（p18）	600cc
魚醤	大さじ1/2
塩	小さじ1
黒胡椒	少々
〈トッピング〉	
卵	4個
酢	少々
塩	少々
パセリ（みじん切り）	適宜

作り方

1 鍋にオリーブオイルとにんにくを入れ、弱火で3～4分炒める。
2 にんにくが色づいたら玉葱とパプリカを加え、中火で5～6分炒める。
3 野菜がしんなりとしてきたら、ダイストマトを加え、1～2分煮込んで酸味を飛ばす。
4 チキンストックを加え、沸騰したらアクを取り、弱火で10分煮込む。
5 魚醤、塩、黒胡椒で味をととのえる。
6 トッピングのポーチドエッグを作る。お湯を沸かし、酢と塩を入れ、沸騰したら弱火にして卵を割り入れ、フォークなどで白身をまとめる。白身が固まったら取り出し、器に注いだスープに添えて、パセリを散らす。

にんにくは粘りや透明度が出てくるまで焦がさないように炒める

韓国料理の源は古くから伝わる宮廷料理。"薬食同源"の思想により、五味五色をバランスよく組み合わせる

参《サム》鶏《ゲ》湯《タン》

参鶏湯は韓国の代表的なスープ料理のひとつで、
鶏肉に高麗人参、もち米などを入れて煮込む
夏の国民的な栄養食です。ここでは具材をシンプルに、
香味野菜はふんだんに取り入れてアレンジしました。

材料(4人前)

茹でた鶏手羽肉
(チキンストックをとった後のもの)
……300g
白ねぎ(みじん切り)……50g
にんにく……2片(20g)
生姜(みじん切り)……15g
米……120g
チキンストック(p18)……1000〜1200cc
塩……大さじ1
黒胡椒(粗挽き)……少々
〈トッピング〉
白髪ねぎ……適宜
糸唐辛子……適宜
ごま油……少々
黒胡椒(粗挽き)……少々

作り方

1 米は研いで分量外の水に30分浸し、ざるにあげておく。
2 チキンストックをとった後の鶏手羽肉をほぐして鍋に入れ、にんにく、米、チキンストックを入れて弱めの中火で煮込む。
3 にんにくが柔らかくなったら、ヘラなどで潰してペースト状にする。約40分ほどかけて全体が粥状になるまで煮込む。
4 白ねぎ、生姜を加え、さらに10分煮込んだら、塩、粗挽きの黒胡椒で味をととのえる。
5 器に注ぎ、白髪ねぎ、糸唐辛子をのせて、ごま油、粗挽き黒胡椒をかける。

白髪ねぎは冷水に10分ほど放ち、シャキッとさせる

トルコ料理は世界三大料理のひとつで、トルコ民族の伝統料理に、ギリシャ、グルジア、シリア地方の料理が混ざって独特の発展を遂げた

赤レンズ豆のスープ

赤レンズ豆のスープはトルコのお袋の味。
栄養価が高いレンズ豆と米でつけたとろみが白身魚の旨味を
たっぷりと抱き込み、しみじみとしたやさしい味わいに仕上がります。
レモンとミントでエキゾチックな風味を添えて。

材料（4人前）

白身魚の切り身（鯛など）	80g
玉葱（みじん切り）	小2/3個（120g）
トマトペースト（市販のもの）	15g
赤レンズ豆	200g
米	30g
オリーブオイル	30cc
チキンストック（p18）	800～1000cc
塩	大さじ1/2
白胡椒	少々
〈トッピング〉	
レモン	適宜
ミント	少々

作り方

1 赤レンズ豆は水洗いし、水気を切る。米は研いで分量外の水に30分浸し、ざるにあげておく。
2 鍋にオリーブオイルを入れ、玉葱を中火で3～4分炒め、透明になり水分がなくなってきたら、2cmの角切りにした白身魚を加え、火が通るまで炒める。
3 赤レンズ豆、米、チキンストックを加えて強火で加熱し、沸騰したらアクを取って、弱火で20分煮込む。
4 トマトペーストを加え、さらに15～20分煮込む。
5 豆が柔らかくなったら、塩、白胡椒で味をととのえる。
6 器に注ぎ、半月の薄切りにしたレモンと、ミントを添える。

アクを取り除く時は、一旦強火で沸かし、アクを寄せて取るとよい

ロシア料理の起源は長く厳しい冬を越すために生み出された農民料理。ピクルスやジャムなどの保存食も豊富

豚肉のトマトストロガノフ

ロシア料理を代表するストロガノフを
スパイシーなスープに仕立てました。焦げ目をつけて
旨味を封じ込めた豚肉に、トマトの酸味がよく溶け合います。
牛蒡や白菜など、具材の取り合わせの妙をお楽しみください。

材料(4人前)

豚ばら肉(ブロック)	180g
玉葱(薄切り)	小2/3個(120g)
牛蒡	1/4本(50g)
白菜	2枚(120g)
にんにく(みじん切り)	1片(10g)
ダイストマト(缶)	300g
オリーブオイル	大さじ1
チキンストック(p18)	350～400cc
カイエンヌペッパー(パウダー)	少々
乾燥バジル	少々
塩	少々
黒胡椒	少々
〈トッピング〉	
パルメザンチーズ(粉)	少々

作り方

1 豚肉は厚さ3㎜幅1㎝の短冊切りにし、牛蒡はささがきに、白菜は葉と芯に分けて一口大に切る。
2 鍋にオリーブオイルとにんにくを入れ、弱火でじっくりと炒め、薄く色づいたら豚肉と牛蒡を加え、中火で焼きつけるように炒める。
3 焼き目がついて香ばしい香りが出てきたら、玉葱を加え、中火で5～6分炒める。
4 玉葱が透明になったら、白菜の芯を入れてさっと炒め、白菜の葉、ダイストマト、チキンストック、カイエンヌペッパー、乾燥バジルを加えて15～20分煮込む。
5 野菜が柔らかくなったら塩、黒胡椒で味をととのえる。
6 器に注ぎ、パルメザンチーズをかける。

豚肉と牛蒡は焦げ目がつくまでしっかりと炒めて風味をつける

タイ料理の味つけは酸味、辛み、甘みの三位一体を基本とし、ふんだんに香草類を使うのが特徴

トムヤムクン

タイ語で、トム（煮る）、ヤム（混ぜる）、クン（海老）という意味があるタイ料理を代表するスープです。甲殻類の旨味とレモングラスやカフェアライムリーフなどの本格ハーブと辛みが食欲をそそります。

左上から時計回りに、カフェアライムリーフ、レモングラス、タマリンドペースト、グリーンカレーペースト、チリインオイル

材料（4人前）

- ブラックタイガーなどの有頭海老 …… 8尾
- 大根（粗みじん切り） …… 1cm（20g）
- 玉葱（みじん切り） …… 小1/6個（30g）
- トマト …… 中1/2個（100g）
- ヤングコーン …… 8本
- にんにく …… 1片（10g）
- 生姜（皮つき薄切り） …… 3枚
- レモングラス …… 1/2本
- カフェアライムリーフ …… 4〜5枚
- サラダ油 …… 大さじ1と1/2
- 水 …… 700〜800cc
- 三温糖 …… 大さじ2
- グリーンカレーペースト …… 大さじ1/2
- タマリンドペースト …… 小さじ1
- チリインオイル …… 小さじ1
- 魚醤 …… 小さじ2

〈トッピング〉

- 香菜 …… 適宜

作り方

1 レモングラスは3つに斜め切りし、海老は頭と身に分けておく。
2 鍋にサラダ油とレモングラス、生姜、潰したにんにくを入れ、弱火で炒めて香りを出す。
3 大根と玉葱を加えて炒め、透明になったら海老の頭を入れて炒める。
4 海老から香ばしい香りが出たら、グリーンカレーペーストを加えて炒め、くし切りにしたトマトと、カフェアライムリーフ、水を加える。
5 沸騰したらアクを取り、2つに切ったヤングコーンと海老の身を加え、火が通ったら、三温糖、タマリンドペースト、チリインオイル、魚醤を加えて味をととのえる。
6 器に注ぎ、ちぎった香菜をのせる。

ハーブ類は前もって葉脈を指で裂いておくと香りが出やすい

レモングラス、にんにく、生姜はあらかじめ油と共に入れてから火にかけ、じっくりと炒めて香りを引き出す

chapter 5

身体をいたわるスープ

おいしい食事をすること。それは食欲だけでなく身体や心をも満たし、健康であることに繋がります。しかし飽食の日本で生きる私たちにとって、食欲に従うだけの食事は必ずしも健康的であるとは言えません。身体の声に耳を傾け、その声に沿ってレシピを考えることが大切です。普段からバランスよくおいしい食事を摂ることで健やかな心身が養われるのです。

本章では、身体をいたわることに着目したスープをご紹介します。身体を温める効果が期待できるもの、様々な栄養を一杯のスープで摂れるもの、代謝をあげる効果の高いもの、夏にほてった身体を冷やしてくれる効果のあるもの、不足しがちな食物繊維を多く摂ることができるものなど。

Soup Stock Tokyoでは不必要にカロリーを摂取しなくて済むようにバターや小麦粉は使わず、豆や米を使ってとろみを出すよう心がけています。入っているものがひと目で分かるよう、この章では素材をすべて写真で見せました。

病気になってから食べる病人食としてのスープではなく、食べることで未病に働きかけるスープと共に心身を整えていきましょう。

11種の根菜と豆乳のポタージュ

料理に手間がかかり量もかさむことから、一度に多品目を食べるのが
なかなか難しい根菜を、上手に食べるためのポタージュです。
個性の強い根菜類をまとめあげるのはチキンストックと豆乳のやさしい風味。黒砂糖は隠し味に。

材料（4人前）

さつま芋	中3/4本(230g)
玉葱	中1/3個(70g)
れんこん	1/4節(60g)
じゃがいも	中1/2個(60g)
里芋	中1個(55g)
牛蒡	1/4本(50g)
エシャレット	1束(45g)
大根	3cm(60g)
にんじん	小1/4本(40g)
かぶ	中1個(80g)
生姜(みじん切り)	3g
寒天	3g
オリーブオイル	大さじ2
チキンストック(p18)	500～600cc
豆乳	250cc
生クリーム	80cc
黒砂糖(粉)	大さじ1と1/2
塩	大さじ1/2
〈トッピング〉	
れんこん(薄切り)	適宜
サラダ油	適宜

作り方

1 寒天は水で戻し、ちぎっておく。
2 玉葱とエシャレットは薄切り、牛蒡はたわしで泥をよく落とし、皮ごと薄めの輪切りにする。
3 大根、にんじん、れんこん、じゃがいも、里芋、かぶは、皮をむき、5～6㎜のいちょう切り、さつま芋はよく洗い、皮ごと5㎜のいちょう切りにする。
4 鍋にオリーブオイルとエシャレットと生姜を入れ、弱火で1～2分炒めて香りを出す。
5 玉葱、牛蒡を入れて5～6分炒めたら、大根とにんじんを加え、さらに3～4分炒める。
6 さつま芋、れんこん、じゃがいも、里芋、かぶを加えてひと混ぜし、チキンストックを注ぎ16～17分中火で煮込む。
7 芋類がヘラで押して潰れるくらいまで柔らかくなったら火からおろし、ハンドブレンダーで潰して、シノワ(p90)で濾す。
8 7で濾したスープを鍋に戻し、寒天、豆乳、生クリーム、黒砂糖を入れて弱火で加熱し、塩で味をととのえる。
9 器に注ぎ、サラダ油でからりと揚げたれんこんをのせる。

エシャレットは香りが充分に引き出されるまで弱火でじっくりと炒める

生姜入り7種の野菜の和風スープ

生姜、白ねぎ、白菜、にんじん、牛蒡などの野菜に加え、
食物繊維の多い押し麦や、ミネラルが豊富な昆布、旨味を足す干し椎茸など、
多種類の具材がもつ栄養が詰まった、滋味溢れる和風だしのスープです。

材料（4人前）

鶏挽き肉	150g
白ねぎ	1本（100g）
白菜	1枚（60g）
にんじん	中1/4本（50g）
玉葱	中1/4個（50g）
牛蒡	1/4本（50g）
生姜（みじん切り）	12g
干し椎茸	4個（15g）
押し麦	25g
昆布	8g
サラダ油	大さじ1
干し椎茸の戻し汁	200cc
水	600cc
醤油	大さじ2
みりん	大さじ1
塩	小さじ1
〈トッピング〉	
水菜	適宜

作り方

1 押し麦は分量外の水に30分浸し、ざるにあげる。干し椎茸は水で戻す。

2 牛蒡は5㎜のいちょう切り、にんじん、白ねぎ、玉葱、戻した椎茸は5㎜角、白菜は1㎝角、昆布はハサミで長さ3㎝の細切りにする。

3 鍋にサラダ油を熱し、中火でにんじんと牛蒡を2〜3分炒め、玉葱を加えてさらに1〜2分炒める。

4 玉葱が透明になったら、鶏挽き肉を加えて炒める。火が通ったら、白ねぎ、白菜、椎茸、干し椎茸の戻し汁、水、押し麦、昆布を加え、沸騰するまで強火で加熱し、アクを取る。

5 弱火にして5〜6分煮込み、野菜がすべて柔らかくなったら、生姜、醤油、みりん、塩を加えて味をととのえる。生姜はお好みで、針生姜やおろし生姜にしてもよい。

6 器に注ぎ、4㎝に切った水菜をのせる。

モチモチとした食感が楽しい押し麦は、たっぷりの水で戻す

八宝粥

八宝とは８つのよい食材という意味。海老や干し貝柱、にんにく、枝豆、
椎茸、生姜など８種類の具材がバランスよく入り、生米をだしで炊きあげるので
米にも旨味がたっぷりと詰まったお粥です。お好みで黒酢や香菜を添えて。

材料（4人前）

むき海老	100g
むき枝豆	80g
ヤングコーン	4～5本
生椎茸	2個
にんにく（すりおろし）	1片（10g）
生姜（千切り）	8g
米	100g
ごま油	大さじ1
チキンストック（p18）	700～800cc
干し貝柱だし（p20）	500cc
塩	大さじ1/2弱
〈トッピング〉	
ごま油	少々
フライドオニオン	適宜
小ねぎ（小口切り）	適宜
香菜	適宜
黒酢	適宜

作り方

1 米は研いで分量外の水に30分浸し、ざるにあげておく。
2 むき海老、むき枝豆、生椎茸は、大きめの粗みじん切り、ヤングコーンは５～７㎜の輪切りにする。
3 鍋にごま油を入れ、中火で生姜をさっと炒めたら米を加え、透明になるまで１～２分炒める。
4 チキンストック、干し貝柱だし、生椎茸、にんにくを加えて加熱する。
5 沸騰したらアクを取り、弱火で40分ほど煮込む。
6 むき海老、むき枝豆、ヤングコーンを加え、さらに５～10分煮込み、塩で味をととのえる。
7 器に盛りつけ、ごま油を２～３滴たらし、お好みでフライドオニオンや小ねぎ、香菜、黒酢などをのせる。

煮込む前に米を透明になるまで炒めると甘みとコクが出る

トマトと夏野菜のガスパチョ

ガスパチョはスペインのアンダルシア地方で生まれた冷たいスープのこと。
すり潰したり、細かく切った野菜を入れることから“飲むサラダ”とも言われます。
暑い夏の日でもほどよい酸味が食欲を刺激してくれるスープです。

材料(4人前)

玉葱(粗みじん切り)	中1と1/2個(300g)
赤パプリカ(粗みじん切り)	1/4個(20g)
セロリ(粗みじん切り)	2本(200g)
にんにく(みじん切り)	3片(30g)
ホールトマト(缶)	350g
オリーブオイル	60cc
水	250～300cc
塩	13g
白胡椒	少々
〈トッピング〉	
きゅうり	1/2本(75g)
セロリ	1/3本(35g)
黄パプリカ	1/4個(20g)
EXVオリーブオイル	小さじ1
林檎酢	小さじ1

作り方

1 トッピングのきゅうり、セロリ、黄パプリカは5㎜角に切り、EXVオリーブオイルと林檎酢で和えておく。
2 鍋にオリーブオイルとにんにくを入れて弱火で加熱し、香りが出たら、玉葱とセロリを加えて中火で3～4分炒める。
3 パプリカを加えてさらに2～3分炒めたらホールトマトと水を加え、沸騰させる。
4 3を火からおろし、ハンドブレンダーで潰して、塩と白胡椒で味をととのえ、氷水をはったボウルに鍋ごと浸し、できるだけ短時間で冷ます。
5 器に注ぎ、1をのせる。

トッピングの野菜はあらかじめ
調味料で和え、味をなじませる

牛蒡のポタージュ

食物繊維が豊富で土の香りのする牛蒡は、
風味が強い皮ごと料理をして繊維と香りを生かします。
新鮮なものを選んでよく洗い、食感を楽しむために濾さずにいただきます。

材料（4人前）

牛蒡	2と1/2本(500g)
玉葱(薄切り)	中1個(200g)
にんにく(みじん切り)	1と1/2片(15g)
ローリエ	1枚
オリーブオイル	大さじ1と1/2
バター	25g
チキンストック(p18)	250〜300cc
牛乳	300〜400cc
生クリーム	100cc
赤味噌	15g
塩	小さじ1/4
白胡椒	少々
〈トッピング〉	
牛蒡(4cmの千切り)	適宜
サラダ油	適宜

作り方

1 牛蒡はたわしで泥をよく落とし、調理直前に薄い輪切りにする。
2 鍋にオリーブオイルとバターを入れて加熱し、溶け出したらにんにくを加え、弱火でじっくりと炒める。
3 にんにくから香りが出たら、玉葱を加え、透明になるまで3〜4分中火で炒め、牛蒡を加えて、さらに20分ほど炒める。
4 チキンストックとローリエを加え、牛蒡が煮崩れるまで蓋をして蒸し煮にする。
5 火からおろし、ハンドブレンダーで潰して、牛乳を注ぎ、弱火で加熱後なじんだら生クリームと赤味噌を加え、塩、白胡椒で味をととのえる。
6 器に注ぎ、サラダ油でからりと揚げた牛蒡をのせる。

玉葱が透明になったら、薄い輪切りにした牛蒡を入れて炒める

牛蒡がしんなりとしたらチキンストックを入れる

chapter 6

ストーリーから生まれたスープ

新しいメニューが生まれる瞬間は日常の中にいくつもあります。新鮮な素材に出会った時、どこかで食べた味を再現できた時、伝統的に受け継がれる味を伝えたいと思う時、外国で知らない料理に出会った時——。各章で紹介しているスープには、そのひとつひとつに生まれた背景があります。

中でも、特筆すべき生い立ちをもつのが本章でご紹介するスープです。ある時は、やさしく舞い落ちる雪が辺り一面を覆い尽くした情景を想い浮かべて生み出したスープ。またある時は、画家が遺した作品に描かれた食材の様子や、当時の時代背景を想像して作り出したもの。そしてある時は、アーティストとの会話の中で彼女が作品に込めた想いから連想される鮮やかな色に着想を得たもの。

テーマ性のあるスープ作りで忘れてはならないのは“おいしい”と思えること。目で見て美しいと感じ、香ばしい匂いにくすぐられ、口にして心からおいしいと思い、ストーリーを知った驚きと合わさって喜びが倍増する。

本章でご紹介するスープは幾分上級者向けのものもありますが、発想の楽しさを工程から感じてみてください。

海老と豆腐の淡雪スープ

雪が降る情景を連想して生み出したスープです。
素材は白にこだわり、柔らかい絹ごし豆腐と
卵白を使い、風味づけはごま油と黒胡椒で
中華風に仕上げます。海老の旨味と玉葱の
やさしい甘みがご飯によく合います。

降ったばかりの柔らかい雪のイメージ

材料（4人前）

むき海老	200g
玉葱（みじん切り）	大1個（250g）
生姜（すりおろし）	25g
卵白	2個分
絹ごし豆腐	半丁
ごま油	大さじ3
チキンストック（p18）	500〜600cc
片栗粉	大さじ2
生クリーム	小さじ1
魚醤	小さじ1/2
塩	小さじ1と1/2
白胡椒	少々
〈トッピング〉	
白髪ねぎ（p48）	適宜
ごま油	少々
黒胡椒	少々

作り方

1 海老は包丁でたたいてミンチにする。
2 鍋にごま油を熱し、弱めの中火で玉葱を炒める。
3 玉葱が透明になってきたら、海老のミンチを加え、さらに炒める。色を白く仕上げるため、玉葱はきつね色になる手前まで炒める。
4 海老が赤く色づいてきたら、チキンストックと生姜を加えて加熱し、沸騰したらスプーンで一口大にすくった絹ごし豆腐を加える。再沸騰したらアクを取る。
5 魚醤、塩、白胡椒で味をととのえ、同量の水（分量外）で溶いた水溶き片栗粉を加えてとろみをつける。
6 とろみがついたら、溶きほぐした卵白と生クリームを混ぜて流し入れ、卵白がふわりと浮いてきたら、火をとめる。
7 器に注ぎ、ごま油を2〜3滴たらし、白髪ねぎをのせて、黒胡椒を挽く。

ユーミンスープ

シンガーソングライターの松任谷由実さんとの
コラボレーションで生まれたスープです。
代表曲のひとつ「ルージュの伝言」をイメージし、
色鮮やかなビーツと和風だしを組み合わせました。
その意外性がこのスープの楽しさです。

凛とした女性の強さから、鮮やかな赤色を連想
(ユーミンスープは2010年に期間限定で実現したコラボレーション)

材料（4人前）

じゃがいも	中3個（360g）
ビーツ	中1個（200g）
玉葱（薄切り）	中3/4個（150g）
バター	30g
チキンストック（p18）	250〜300cc
昆布かつおだし（p24）	500cc
塩	5g
白胡椒	少々
〈トッピング〉	
ピスタチオ	適宜

作り方

1 じゃがいもはよく洗い、皮をむかずに5㎜のいちょう切り、ビーツは洗ったら皮の厚いところだけを取り除き、じゃがいもと同様に切る。

2 鍋にバターを溶かし、玉葱を弱めの中火で4〜5分、玉葱が透き通って甘みが出るまで炒める。

3 2にじゃがいもとビーツを加え、さらに5〜6分炒め、じゃがいもの表面が透き通ったらチキンストックを加え、蓋をして7〜8分煮込む。

4 じゃがいもとビーツが煮崩れるまで柔らかくなったら、昆布かつおだし（350cc）を加え、沸騰したら火からおろし、ハンドブレンダーで潰す。

5 シノワ（p90）で4を濾す。シノワに濾し残ったものを鍋に戻し、残しておいた昆布かつおだしと合わせ、再度シノワで濾す。

6 二度濾ししたスープも再び鍋に戻して加熱し、温まったら塩と白胡椒で味をととのえる。

7 トッピングのピスタチオは、殻をむき、包丁で砕いておく。

8 器にスープを注ぎ、7をのせる。

ゴッホの玉葱スープ

19世紀のヨーロッパに生きた印象派の画家、ゴッホが描いた玉葱をイメージして作ったスープです。地味で派手さはないものの、力強く芽吹く玉葱の生命力が感じられます。バゲットと一緒にどうぞ。

〈タマネギの皿のある静物〉1889年クレラー＝ミュラー美術館　フィンセント・ファン・ゴッホ（1853～1890）

材料（4人前）

玉葱（薄切り）	中3個（600g）
バター	20g
チキンストック（p18）	800～900cc
醤油	大さじ1
塩	小さじ1
スライスしたバゲット	1枚
〈トッピング〉	
フライドオニオン	適宜

作り方

1 鍋にバターを溶かして、玉葱とひとつまみの塩（分量外）を入れ、50～60分ほど根気よく炒めてソテーオニオンを作る。（詳細はp34の手順**1**～**3**）

2 チキンストックを注いで加熱し、沸騰したらアクを取り除く。バゲットは一口大にちぎって入れる。

3 醤油、塩を加えて、味をととのえる。

4 器に盛りつけ、フライドオニオンをのせる。

chapter 7

Soup Stock Tokyoのカレー

スープ作りの工程から自然な流れに沿って生まれてきたのがSoup Stock Tokyoのカレーです。小麦粉を使わずに野菜や豆でとろみを出し、スパイスの香りをオイルに移して作るカレーは、スープの下準備の段階で踏む調理工程にとてもよく似ていて、主に南インドで食べられるあっさりとしたカレーに近い味がします。

味の骨格となる玉葱や香味野菜をよく炒めたものは、カレーのコクをつかさどり、味わいに深みを与えてくれます。また、スパイスはフレッシュなものほど香りがよく、印象もより強くなるので、ホールのものを用意して砕き、すり潰して使うと味にぐんとメリハリがつきます。

本章でご紹介するカレーは、素材の味を隠すような濃い味つけのカレー粉やカレールーで作ったものに比べると驚くほどさっぱりとして、風味が豊かで、最後まで食べきっても胃もたれしません。スパイスの味がしっかりと立ち、刺激的なのに身体にやさしいカレーです。

トマトと
鶏肉のカレー

トマトの酸味、にんじんの甘み、
スパイスの辛みがバランスよく
溶け合ったカレーです。
にんにくと生姜は香りが飛ばないよう
直前にすりおろします。
7種類のスパイスが織りなす香りの
移り変わりをお楽しみください。

上段左からナツメグ、カルダモン、コリアンダー。中段左からクミン、シナモン、カイエンヌペッパー。下段左から白胡椒、にんにく、生姜

材料（4人前）

鶏もも肉	250g
ダイストマト（缶）	700g
玉葱	小1個（180g）
にんじん（すりおろし）	中1/4本（50g）
にんにく（すりおろし）	3片（30g）
生姜（すりおろし）	25g
サラダ油	大さじ2
チキンストック（p18）	300cc
コリアンダー（パウダー）	大さじ1
クミン（パウダー）	大さじ1弱
シナモン（パウダー）	小さじ1/3
カルダモン（パウダー）	小さじ1/3
ナツメグ（パウダー）	少々
白胡椒	少々
カイエンヌペッパー	少々
きび砂糖	小さじ2
醤油	小さじ1
塩	小さじ2
ご飯	4人前
パセリ（みじん切り）	適宜

作り方

1 ダイストマトを鍋に入れて中火にかけ、酸味と水分を飛ばしながら1/3くらいになるまで加熱する。

2 別の鍋にサラダ油大さじ1とにんにく、生姜を入れて弱めの中火で1〜2分炒める。

3 玉葱を加えてさらに5〜6分炒める。カレーは野菜のフレッシュ感も楽しみたいので、スープを作る時ほどじっくりと炒めない。

4 おろしにんじん、香辛料一式を入れ、弱火で1〜2分炒めたら、1で煮詰めたトマトとチキンストックを加えて全体になじませ加熱し、調味料で味をととのえる。

5 別のフライパンにサラダ油大さじ1を熱し、一口大に切った鶏もも肉を皮目からぱりっと焼き、4に入れる。

6 パセリは、炊きあがったご飯と合わせておく。

7 5でできあがったカレーとご飯を器に盛りつける。

玉葱が透明になり、フライパンにこびりつくくらいまで炒める

香辛料は焦げると苦みが出るので弱火でなじませる程度に炒める

鶏肉は皮のほうから強火で焼き、ひっくり返したら蓋をして焼く

玉葱と鶏肉のカレー

小麦粉を使わず野菜でとろみを出すのがSoup Stock Tokyo流。
玉葱をじっくりと炒めて煮込み、甘さとまろやかさを引き出します。
香味野菜や香辛料のコクと香りをオイルにしっかりと移すのがコツです。

材料（4人前）

鶏もも肉……250g
玉葱（みじん切り）……小2と1/2個（450g）
ダイストマト（缶）……160g
トマトピューレ（市販のもの）……75g
カシューナッツ……80g
サラダ油……大さじ3
チキンストック（p18）……400〜500cc
にんにく（すりおろし）……1片（10g）
生姜（すりおろし）……10g
ローリエ……1枚
シナモン（スティック）……小1本
カルダモン（ホール）……15粒
クローブ（ホール）……13〜14粒
唐辛子（ホール）……2本
クミン（パウダー）……大さじ1弱
ターメリック（パウダー）……小さじ1と1/2
コリアンダー（パウダー）……小さじ1と1/2
塩……大さじ1
ご飯……4人前
〈トッピング〉
フライドオニオン……適宜

作り方

1 カシューナッツをミキサーでペーストにしておく。
2 鍋にローリエ、シナモン、カルダモン、クローブ、唐辛子とサラダ油を大さじ2入れ、弱火で香辛料を5〜6分抽出し、ざるにキッチンペーパーを敷いて濾す。
3 2で濾したスパイスオイルと、にんにく、生姜を別の鍋に入れ、弱火で2〜3分炒め、じっくりと香りを引き出す。
4 玉葱を加え、8〜10分中火で炒める。
5 残りの香辛料を入れて軽く炒め、香りを引き出してから、ダイストマト、トマトピューレを加えてよく混ぜる。
6 1のカシューナッツペーストを入れてよく混ぜ合わせてから、チキンストックを加え、中火で沸騰するまで加熱し、2〜3分煮込む。
7 別のフライパンにサラダ油大さじ1を熱し、一口大に切った鶏もも肉を皮目からぱりっと焼き、裏返したら蓋をして焼き、6に入れる。ひと煮立ちさせ、塩で味をととのえる。
8 できあがったカレーとご飯を器に盛りつけ、フライドオニオンをのせる。

香辛料の香りを油に移すように弱火でじわりじわりと加熱する

豆と半熟卵の春カレー

ひよこ豆とレンズ豆をベースにした軽やかな口当たりのカレーです。
クミンシードと千切りの生姜がアクセントとなり食欲をそそります。
ポーチドエッグがルーをマイルドに包み込み、身体にやさしい味わいが魅力です。

材料（4人前）

玉葱（粗みじん切り）	中1と3/4個（350g）
ひよこ豆の水煮缶	240g
乾燥レンズ豆	80g
生姜（千切り）	10g
サラダ油	大さじ3
チキンストック（p18）	400cc
クミンシード	小さじ2
ガーリック（パウダー）	小さじ1/2
クミン（パウダー）	小さじ1/2
コリアンダー（パウダー）	小さじ1/4
カルダモン（パウダー）	少々
カイエンヌペッパー（パウダー）	微量
砂糖	小さじ2
塩	大さじ1/2
ご飯	4人前
〈トッピング〉	
ポーチドエッグ（p46の手順**6**参照）	4人分
パセリ（みじん切り）	適宜

作り方

1 ひよこ豆は缶詰に入っている煮汁ごとハンドブレンダーで潰し、ペースト状にしておく。

2 鍋にサラダ油を熱し、中火で玉葱を7～8分炒める。玉葱がしんなりとしてきたら、クミンシードを加え、さらに弱火で2～3分炒めて香りを出す。

3 **2**に残りの香辛料一式と生姜を加え、さっと炒める。

4 **3**にチキンストックと乾燥レンズ豆を加えて中火で加熱し、沸騰したらアクを取り、弱火で25～30分煮込む。

5 レンズ豆が煮えたら、**1**でペーストにしたひよこ豆を加え、さらに5～6分煮込み、砂糖、塩で味をととのえる。

6 できあがったカレーとご飯を器に盛りつけ、ポーチドエッグを添えて、パセリを散らす。

乾燥レンズ豆は水で戻さずに使える。ひよこ豆は水煮缶が便利

chapter 8

Soup Stock Tokyoのデザート

小腹が空いた時や甘いものが食べたい時に、ついついつまんでしまうような焼き菓子やクリーム菓子に比べて、カロリーが低く油脂が控えめな“罪悪感のないデザート”はないものだろうかと頭をひねりました。

いろいろと想いをめぐらせていくと、日本で古くから食べられてきた豆を煮詰めたぜんざいにたどり着きました。小豆を炊く作業は少々時間と根気がいります。豆の形を潰さないよう弱火でコトコトと煮詰め、ほどよい甘さで素朴に炊きあげます。

一度小豆煮を作ってみると、市販の餡にどれだけの砂糖が入っているのかがわかります。豆は味の違いがわかりにくい部分もありますが、素直な豆の味を引き出していくと、レンズ豆の餡が小豆の餡と違うように、もともと豆がもつ個性がきわだってきます。豆本来の特色豊かな味わいを楽しんでいただけるデザートです。

白玉入り黒胡麻ぜんざい

甘さ控えめに炊きあげた小豆と黒胡麻のコクが
特徴的なぜんざいです。小豆は茹でこぼしてアクを取ることで
風味豊かなやさしい味に仕上がります。
きび砂糖はミネラルが多く含まれており、
奥行きのある甘さを作り出してくれます。

小豆煮の仕上がり状態

小豆煮の作り方

材料（600g分）

小豆	150g
水	500〜600cc
きび砂糖	100g
塩	ひとつまみ

作り方

1 小豆はボウルで軽く水洗いをし、ざるにあげて水気を切る。
2 鍋に小豆がかぶるくらいの水（分量外）を入れて加熱し、沸騰したら、一度ざるにあげて茹でこぼす。
3 小豆を鍋に戻して分量の水を加え、中火で加熱する。沸騰したらアクを取って蓋をし、弱火で50〜60分煮る。
4 小豆が柔らかく煮えたら、きび砂糖と塩を加え、弱火で混ぜながらとろみがつくまで加熱して仕上げる。

材料（4人前）

小豆煮	500g
ねり胡麻	大さじ1強
〈白玉〉	
白玉粉	150g
水	135cc
氷	適宜
〈トッピング〉	
黒胡麻	少々

作り方

1 白玉粉をボウルに入れ、分量の水の9割を入れ、しっかりとこねる。残りの水を少しずつ加えながら、耳たぶくらいの柔らかさになるまでこねる。
2 一口大に丸めて、沸騰したお湯で浮き上がるまで茹で、氷を入れた冷水にとって冷やしておく。
3 小豆煮を鍋に入れ、ねり胡麻を加えて弱火で加熱する。
4 **3**に**2**を加え、温めて盛りつけ、黒胡麻を散らす。

レンズ豆煮の作り方

材料（700g分）

レンズ豆	200g
水	700cc
きび砂糖	70g
塩	ひとつまみ

作り方

1 レンズ豆はボウルで軽く水洗いをし、ざるにあげて水気を切る。
2 鍋に豆と分量の水を入れて加熱し、沸騰したらアクを取り蓋をして弱火で20〜30分煮る。
3 豆が柔らかく煮えたら、きび砂糖と塩を加え、混ぜながら加熱して餡状に仕上げる。

レンズ豆は茹でこぼさず、アクを取ったら蓋をして煮含めていく

林檎とレンズ豆のぜんざい

豆をもっと食べて欲しいと考え、普段は料理に使うレンズ豆を甘く煮て、新しいぜんざいに仕立てました。豆乳と合わせてまろやかに仕上げ、レモン汁ときび砂糖で煮た色鮮やかな紅玉を添えます。

材料（4人前）

レンズ豆煮	500g
林檎（紅玉）	1/4個
水	50cc
豆乳	250cc
レモン汁	小さじ1
きび砂糖	10g

作り方

1 林檎は芯を取り縦半分に切って、横5㎜厚に切る。
2 鍋に林檎、水、レモン汁、きび砂糖を入れて弱火で加熱し、林檎に火が通って黄色くなったら、トッピング用に一部をとり分ける。レンズ豆煮に林檎の残りと豆乳を加え、弱火で温める。豆乳が分離しないように、ゆっくりと穏やかな火加減で。
3 器に盛りつけ、取り分けておいた林檎煮をのせる。

白玉入りレンズ豆の生姜ぜんざい

レンズ豆を炊きあげてぜんざいに見立てます。小豆と比べるとさっぱりとして、ほんのりエスニックな香りがします。生姜シロップのさわやかさが食後のお口直しにぴったりです。

材料（4人前）

レンズ豆煮	500g
〈生姜シロップ〉（75cc分）	
生姜	15g
水	100cc
きび砂糖	50g
〈白玉〉	
白玉粉	150g
水	135cc
氷	適宜
クラッシュアイス	適宜

作り方

1 白玉を作る（p84の黒胡麻ぜんざいの手順1、2）。
2 生姜シロップは、鍋に生姜、水、きび砂糖を入れ、生姜の風味が抽出されるまで6〜7分煮る。
3 レンズ豆煮を2の生姜シロップでのばす。
4 器に3と白玉を盛りつけ、クラッシュアイスを浮かべる。

スープをおいしくするおすすめの調味料

どのような特徴の調味料を使うかにより、その料理のトーンが決まります。
新鮮な素材の味わいを引き立ててくれる心強い相棒です。

Olive Oil

【オリーブオイル】

オリーブの実を潰して搾ったエクストラヴァージン(EXV)オリーブオイルは、火入れをせず香りを楽しむ料理に。精製したピュアオリーブオイルは、揚げものや炒めものに使うとよい

エクストラヴァージン(EXV)オリーブオイル
無理な圧力をかけずに搾られたえぐみのない味が特徴

ピュアオリーブオイル
食べやすくブレンドされ、香りもまろやか

Salt

【塩】

ミネラルや旨味が豊富な天然塩がおすすめ。高たんぱく質の食材には岩塩、お吸いものにはミネラル度の高い藻塩がよく合う。塩によって塩分が異なるため、さじ加減が必要

岩塩
地殻変動で海が隆起し、干上がってできた塩

天日塩
海水を天日でゆっくり結晶化させた天然塩

釜炊き塩
海水を薪などでじっくりと釜炊きした塩

藻塩
海水と海藻の旨味をたっぷり含んだ天然塩

Soy Sauce

【醤油】

醤油はその土地ごとに特徴があるので好みの味を見つけるとよい。開栓後はなるべく新鮮なうちに使いきりたいので、大家族でなければ小ぶりのものを買うのがおすすめ

濃口醤油
最も一般的な醤油で幅広い用途に使える

再仕込み醤油
食塩水の代わりに生醤油で仕込んだもの

Sugar

【砂糖】

昔は砂糖が高級だったため白砂糖が重宝されたが、現代はカロリー過多でも栄養不足になる人が多いので、精製していないミネラル分の多い砂糖を少量ずつ使うのが理想的

黒砂糖
コクのある甘みとほんのりとした酸味が特徴

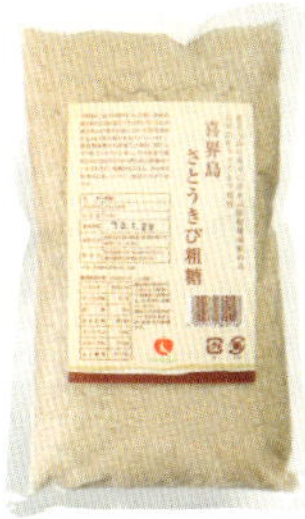

きび砂糖
さとうきびの風味とミネラルを豊富に含む

Vinegar

【酢】

酸味が苦手な人も多いので、丸みのある味わいの酢を選ぶと重宝する。中華風のスープには黒酢を、洋風のスープには柔らかい甘みが生きた果実酢を使うと相性がよい

黒酢
香り高く酸味がまろやかなものが使いやすい

林檎酢
甘く爽やかな林檎の香りと柔らかな酸味

Sesame Oil

【ごま油】

ごまの風味を立たせたい料理には、香りとコクのバランスがほどよい薄口や、焙煎度の高い濃口を。香りや風味は抑え、コクと旨味だけを生かしたい料理には、太白を使う

薄口ごま油
まろやかな味と香り。和洋中に万能なタイプ

太白ごま油
ごまを煎らずに油を搾り、旨味だけを抽出

Stock

【ストック】

チキンストックにはスープのベースとなる旨味が凝縮されている。p18では家庭用に手羽とももからとるだしをご紹介したが、ぜひ一度は丸鶏からストックをとってみてほしい

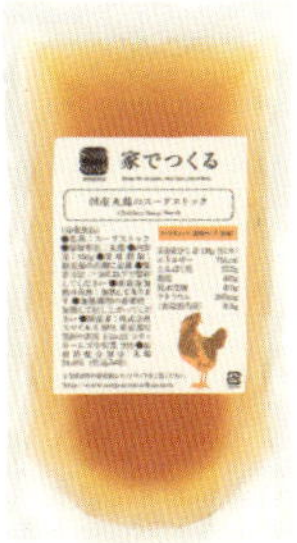

Soup Stock Tokyoのチキンストック
丸鶏からとったストック。和洋中に使えて便利

スープ作りにあると便利な調理道具

これさえあれば手順が数段シンプルに、料理がより楽しくなる、
スープ作りに欠かせないアイテムを集めました。使うとその良さがわかります。

【ホーロー鍋】

食材の臭いが鍋に残りにくく、耐久性に優れ、姿形も美しいので鍋のまま食卓に載せられて重宝する

【蓋つきの厚手鍋】

鋳《い》ものは熱伝導がよく保温性も高いので煮込み料理向き。重い蓋は水分蒸発を抑え、無水調理も可能

※両者とも、ガスとIHに対応

【耐熱性ゴムベラ】

鍋の隅々まで掻き出せる優れもの。一滴たりとも無駄にしたくない手間隙をかけたスープに

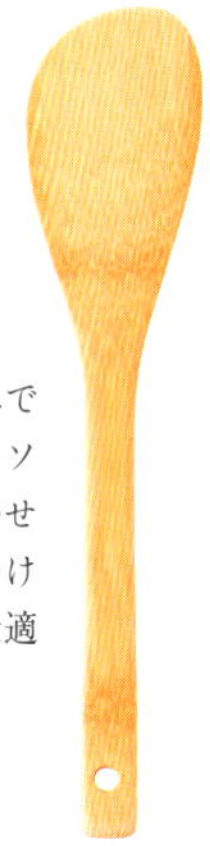

【木ベラ】

野菜を炒めた甘みで鍋底に粘りついたソテーを、焦げつかせず、かつ鍋を傷つけずにこそぐのに最適

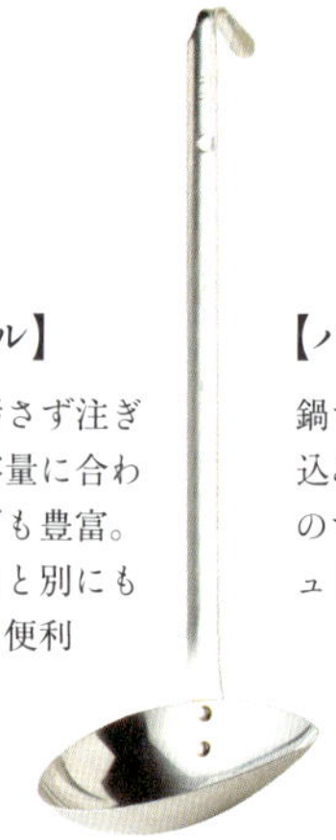

【レードル】

器の縁を汚さず注ぎやすい。容量に合わせてサイズも豊富。丸いおたまと別にもっておくと便利

【ハンドブレンダー】

鍋で煮込んだスープに差し込み、そのまますり潰せるのでとても便利。ポタージュもこれさえあれば簡単

【シノワ】

先端が細い濾し器。底から5cmほどの位置にシノワが浮くよう、鍋かボウルに取っ手を掛けて使用

覚えておきたい調理のポイント

料理に正解はありませんが、さじ加減を知っておくとできあがりが
グッと変わることがあります。ここではそんなポイントをご紹介します。

1人分を作る場合は記載の分量÷人数？

本書ではおいしくできあがる分量を記載しています。煮込み料理を少量で作ると水分が蒸発しやすくできあがりも変わります。ある程度の分量で作り、冷蔵や冷凍などで保存するのがおすすめです。

スープに適した水は硬水？ それとも軟水？

チキンストックなどの洋風だしをとるなら硬水、昆布やかつお、干し椎茸や干し貝柱などの和風だしをとるなら軟水というのが一般的ですが、日本の食材には日本の水と覚えておけばいいでしょう。

根菜は水にさらしてから調理したほうがよい？

基本的に牛蒡やさつま芋などを色どめしたい場合は水に浸けますが、その時に栄養や風味も逃げてしまいます。特に風味を最大限に生かしたいスープの場合は水にさらさず皮ごと使うといいでしょう。

“さっと”と“じっくり”野菜の炒め方に違いあり

さっと炒めるとは、油が全体にまわり野菜の表面に火が通るまで炒めること。じっくり炒めるとは、野菜の甘みを充分に引き出し、水分が蒸発して野菜の糖分が鍋に粘りつく状態まで炒めることです。

水やストックを足す場合冷たいまま入れてよい？

根菜などを生から煮て、後で分量の水やストックを足す場合は冷たいまま、あまり煮込まずに葉野菜などの歯ごたえを残して食べたい場合は、一度温めてから加えるとよりしゃっきりと仕上がります。

アクは取るべき？ 取り除く時の注意点

アクを取るのはえぐみを除くためですが、身体に有害な一部の山菜など以外は、風味のひとつと考えることもあります。炒めてから煮る場合は、旨味のある油まですくわないように気をつけましょう。

煮込む時の鍋の蓋は目的に沿って開け閉めを

基本的に、煮込む時は鍋の中の温度を保つために蓋をします。ただし、全体を煮詰めたい場合は、水分や酸味を飛ばすために蓋を外し、ストックをとる際も、臭みを逃がしたいので蓋を外します。

ハンドブレンダーやシノワがない場合は？

ハンドブレンダーはフードプロセッサーやミキサーで代用できます。シノワは濾し器でも代用できますが、受け口が浅く濾しづらいかも。シノワなら網の部分が細く、容器にしっかりと収まります。

素材を生かしたスープを濾すかどうかの見極め方

素材の風味を生かすために皮つきで作る場合、最後にシノワで濾して皮や繊維を取り除けば、口当たりがなめらかなスープに仕上がります。繊維ごと摂りたい場合には濾す必要はありません。

ストックやだしの保存方法と保存期限は？

塩を入れていないものは日持ちがしません。冷蔵なら翌日位までに、冷凍なら保存袋に入れて3週間で使いきるようにします。冷凍する際、平らにしておくと場所もとらず解凍も速く便利です。

できあがったスープの保存方法と保存期限は？

冷蔵で翌日、冷凍で3週間ほど。再加熱する場合は冷めた時に蒸発する水分量(10%程度)を足します。冷凍の場合は大きな具材を除いて保存。豆乳スープは分離するので冷凍には不向きです。

スープのある一日

Soup Stock Tokyo創業者、スマイルズ代表　遠山正道

Soup Stock Tokyoを始めるまえ、約１年の時間をかけて、多くのスープを作りました。その中でも、私にとって最も衝撃だったのがこの「トマトの無水スープ」。当時、スープの開発は料理研究家の河合真理先生にお世話になっておりました。河合先生はホテル的な味よりも、和の知恵をベースにした素朴さが持ち味の方で、この無水スープはまさに先生らしい、素材そのものを生かした、極めてシンプルなものでありました。
先ず、水を一滴も使わないことが驚きです。

鍋にオリーブオイルとにんにくを入れ、充分に香りが出るまで弱火で炒めたら、玉葱とセロリ、塩を加えてしんなりするまで炒める。トマトはへたを取って皮はそのまま残す。鶏むね肉は皮を取り除いて一口大に切り、順に鍋に敷き詰める。チリパウダーをふりかけ、セロリの葉と茎を上に乗せたら、あとは40分、赤子泣いてもフタトルナ。じっと我慢し、フタヲトッタラあら大変！ ス、スープが、た、たっぷりとアルデハナイデスカ！

あの感動（しかも実は簡単）。それ以来、私が作れるスープは無水スープとなりました。このスープを作ると、いつもトマトのすごさに気づかされます。どこに隠しもっていたのだろう、この水を。てっきりサラダの仲間だと思っていたのに、火を入れるとどうして料理の仲間に変身できるのだろう。というか、野菜って、というかニワトリだって、素材が料理になることって一体どういうことなんだろう、とか。
シンプルであればあるほど不思議です。

最初のスープができて、12年が経ちました。
私は、商品としてのスープだけではなく私がかつて企画書で描いていた「スープのある一日」という世界がどんどんと拡がっていくことを夢想してきました。それはスープを通じた、人と人との繋がりや共感の関係性などであり、いまもそれは拡がりをみせています。今日再びこのスープを作って、そういう夢想はこういった実際の一杯を作るところから始まったのだということを、改めて感じました。
誰にでも作ることができるスープ。
一杯のスープは、月のように大きくも見えるし、誰かひとりのための一杯にも思えます。

遠山正道

トマトから水分が出てきたら一混ぜし、再び蓋をして約60分ほど煮込む。木ベラで崩れるほど柔らかく煮えたら、塩、白胡椒で味をととのえる。

トマトの無水スープ

材料（8人前）

鶏むね肉……560g
トマト……小18〜19個（2.8kg）
玉葱（薄切り）……中1/2個（100g）
葉つきセロリ（細切り）……1本（100g）
にんにく（みじん切り）……1片（10g）
EXVオリーブオイル……大さじ1と1/2
チリパウダー……小さじ1
塩……小さじ1
白胡椒……少々
塩（味をととのえる用）……少々

おわりに

Soup Stock Tokyoのスープは、とにかく「おいしい」ことが大前提です。
しかし、この「おいしい」を実現させることは思いのほか難しいと知りました。

例えば、時間と共に鮮度を失う食材もあれば、
熟成させたほうがおいしくなるものもあります。
季節や気候の変化によって異なる食材の状態を見極め、
火を通す時間や味つけのタイミングを加減して味をととのえます。
ちょっとした手間を惜しむと、あっという間に味が変わってしまうものもあります。
つまり、レシピがあればいつでも同じ「おいしい」が作れるわけではないのです。

それでも私たちは労を惜しまず「おいしい」にこだわってきました。
そして店舗では、最高の状態でスープをご提供できるように
しっかりと仕上げ、一杯ごとに気持ちを込めて注いでいます。

本書では私たちが積み上げてきた「おいしい」を作り出すための
たくさんの秘密を公開しています。
少々大変かもしれませんが、ぜひこの本を片手に
「おいしい」スープを作ってみてください。

書かれているのはあくまでも「ヒント」です。
自分の舌で感じて、そのおいしさを実感し、
あなたならではの「おいしい」を発見していただけたら嬉しいです。

2012年4月吉日
Soup Stock Tokyo

季節別さくいん

食材の旬の時期や、食材のもつ身体への効能などに基づいて、季節ごとのおすすめのスープを提案します。とはいえ、食材が手に入らない時期にも、その季節の別の食材に置き代えて作ってみることで、さまざまな可能性が広がるのがスープの楽しさです。季節に応じてご家庭で工夫し、お好みの味を見つけてください。

春におすすめのスープ

夏におすすめのスープ

秋におすすめのスープ

冬におすすめのスープ

Soup Stock Tokyo（スープストックトーキョー）
http://www.soup-stock-tokyo.com/

1999年より、首都圏を中心に全国に56店舗を展開する、女性に人気の「食べるスープ」の専門店チェーン。時間をかけてじっくりと引き出されただしに、旬を感じる素材や新鮮なトッピングが相性よく組み合わされ、メインディッシュとして食べられるスープが特徴。素材がもつ自然な味と風味を大切に、余計なものを使用せず、ひとつひとつのスープを丁寧に作り続けている。2011年より、冷凍スープの専門店「家で食べるスープストックトーキョー」も展開中。

デザイン　中山詳子
写真　松園多聞
編集協力　白石宏子（stillwater）
食器協力　l'Outil（るてぃ） http://loutil.jp

企画・レシピ提供・調理　スマイルズ商品部　桑折敦子　玉置純子　星久美子
アートディレクション・スタイリング　スマイルズクリエイティブ室　平井俊旭　上村貴之

2012年 4月20日　第1刷発行
2024年 6月30日　第19刷発行

Soup《スープ》 Stock《ストック》 Tokyo《トーキョー》のスープの作《つく》り方《かた》

著者　スープストックトーキョー

発行者　小田慶郎
発行所　株式会社　文藝春秋
〒102-8008　東京都千代田区紀尾井町3-23
電話　03-3265-1211（代）

印刷所　図書印刷
製本所　大口製本

ISBN 978-4-16-375180-1
Printed in Japan